FABLES
Et Spéculations
Philosophiques

FABLES et
Spéculations
Philosophiques

FABLES Et Spéculations Philosophiques
Bito David
bitodavid@gmail.com

ISBN- 978-0-9996530-3-6

© Tous Droits Réservés, 2018

Couverture: Éditions PerleDesAntilles
Mise en pages: Éditions PerleDesAntilles

Éditions PerleDesAntilles
7054 Chesapeake Circle
Boynton Beach, Florida 33436

Marin 12 # 7
Port-au-Prince, Haïti

perledesantilles1804@gmail.com
(561) 254-6043 / (509) 3116-8892

DÉDICACE

Aux penseurs,
Aux philosophes,
Aux moralistes,
Aux humanistes,
Aux hommes simples!

LISTE DES TITRES

11	EN GUISE DE PROLOGUE
12	L'homme dans le désert de son intolérance
14	L'adage d'une lettre effacée
16	Quand l'homme mérite sa misère
18	La couleuvre et l'oiseau tisserand
20	Quand l'homme comprend son destin
22	Il n'y a de plus intelligent
24	À chacun son fardeau
26	Jardin d'amour
28	Nature mystère
32	Faune et flore naturelles
34	Dans les yeux de l'autre
35	Ceux qui gagnent les primes
36	Le zèle inconsistant
39	Le chien et sa queue
40	Un homme une justice
42	Le mage et le génie malin
44	N'attends pas demain
46	Vivre pleinement

48	Bâtisseurs de succès
50	L'accoutrement de l'imposteur
52	Serment de convivialité
54	Rien ne vaut la prudence
57	Nature indifférente
66	Le mystère de l'infiniment petit
68	Spéculons nos philosophies
71	La richesse ne prévient pas la disette
74	L'éléphant et sa trompe
76	Si vieillesse pouvait si jeunesse savait
78	Méfiez-vous
80	Que faut-il pour vivre
83	Images de la nature
84	Pourquoi
86	L'habit fait le moine
88	Espoirs du lendemain
90	Inévitable destin
92	Talon d'Achilles
94	La gent humaine
96	L'ivraie et le bon grain
99	EN GUISE D'ÉPILOGUE
101	AU SUJET DE L'AUTEUR

FABLES Et Spéculations Philosophiques

EN GUISE DE PROLOGUE

Les fables jamais ne spéculent
Des philosophies ridicules
Celui qui pense en bon humaniste
Même réaliste il est pacifiste

La nature nous donne de bons exemples
Quand ses histoires notre esprit contemple
Éduquons-nous à l'école de la vie
Pour calmer nos grandes folies

L'HOMME DANS LE DÉSERT DE SON INTOLÉRANCE

Deux hommes perdus dans un grand désert
Un jour se retrouvaient et à bras ouverts
S'engageaient dans une loyale communion
Pour s'entraider dans leur tribulation

Les jours passaient et ainsi leur union
Prouvait que les espèces de notre création
Pouvaient s'entraider sans mutuelle aversion
La fin témoignera une toute autre conclusion

À peine connus leurs personnels crédos
Les compères se tournèrent l'un l'autre le dos
Et le feu de leur terme maintenant antagonique
Transformait leur rapport en une vile polémique

FABLES Et Spéculations Philosophiques

Dans l'aridité de leur vie dans ce désert
L'un trop fier condamnait l'autre à l'enfer
Ainsi ces frères augmentaient leur malheur
Et entre les deux ne fleurissait plus de faveur

Le méchef parmi eux fut que l'un chrétien
De l'autre bohème il disait un païen
Dans l'histoire leur liaison toujours antagonique
Empêchait l'entretien d'un rapport harmonique

Ils devraient s'inspirer de l'exemple des enfants
Dans leur ronde tous ensemble s'amusant
N'ont de souci de nulle croyance et nulle foi
L'amitié qui les lie reste toujours leur seule loi

L'ADAGE D'UNE LETTRE EFFACÉE

Un conteur énonçait un jour l'adage
D'une simple lettre effacée par un sage
Dans une phrase prononcée par un fripon
Pour justifier les motifs de ses extorsions

Le mage voulait signifier au scélérat
Sans s'encombrer dans un long débat
Qu'un simple changement sans complication
Peut dresser le cours d'une mauvaise action

Il est bon de Prendre les biens d'autrui
Il est bon de rendre les biens d'autrui
Si le premier est un acte de rapacité
En ôtant le P il devient générosité

FABLES Et Spéculations Philosophiques

Mais la différence n'est qu'une unique lettre
À l'exemple de ce qui diffère parfois les êtres
Entre l'homme vertueux et le mauvais garnement
Souvent la dissemblance n'est qu'un filament

Pour un P effacé sans qu'il ne soit remplacé
Tout un univers est maintenant nuancé
Par une tendance à une grande bonté
Une sublime sagesse et la sociabilité

Il n'est pas bon de prendre les biens d'autrui
Aux démunis on doit restituer les fruits
Dérobés par convoitise et avidité
Pour un équilibre dans notre humanité

QUAND L'HOMME MÉRITE SA MISÈRE

L'homme mérite sa misère
Quand subissant des atrocités amères
Il choisit lâchement de se taire
Et ainsi ses bourreaux complaire

Un peuple jadis dans l'esclavage
Sous la férule de tyrans sauvages
Un jour a vu la naissance d'un champion
Parmi eux pour leur émancipation

Il leur haranguait un discours de révolution
Pour combattre les oppresseurs de leur bastion
Il préparait parmi la communauté
Les plus aptes à cette lutte pour la liberté

FABLES Et Spéculations Philosophiques

Mais parmi cette horde asservie
Fut une meute d'esprits assujettis
À son insu une troupe se rassemblait
Pour lui porter un coup bas et laid

Ils le livraient un jour à leurs commandants
Pour leur cause farouchement plaidant
Il ne pourrait être d'aucune utilité
Ils préféraient attendre de leur rois la pitié

Ce idéaliste fut ainsi jugé
Condamné pour avoir propagé
Des idées pour la liberté
Sur la place il fut guillotiné

Cet exemple terrorisant
A eu lourdement son pesant
Sur le mental des spectateurs
Qui assistaient en silence à cette horreur

Cette leçon apprise jamais nulle velléité
Parmi les esclaves de cette collectivité
N'a plus vu le jour pour leur libération
Ils restaient captifs sans aucune prétention

L'homme mérite sa piteuse situation
Quand en opportuniste il supporte les bastions
Qui mystifient toute l'humanité
En ne leur opposant aucune adversité

LA COULEUVRE ET L'OISEAU TISSERAND

On ne saurait être trop sûr de soi
Même quand on est très adroit
L'oiseau tisserand si précautionneux
A fait l'expérience dans un drame fâcheux

Pour protéger sa progéniture
Des cruautés de mère nature
Sur des branches faibles et des monstres à l'abri
Minutieusement il a tressé son nid

Il contait sans l'habileté de la couleuvre
Qui dans la flexibilité fait toujours bonne oeuvre
Il trouvait un moyen par sa flexibilité
De détruire du moineau la postérité

QUAND L'HOMME COMPREND SON DESTIN

L'homme est une victime de l'existence
Son succès dépend de la chance
Bien naître dans la richesse et l'opulence
Ou voir le jour dans une totale indigence

Un homme d'une souche riche dans l'opulence
Se moquait une fois de la carence
Chez son voisin qui quémandait l'aumône
Il le jugeait à son prope aune

Il ignorait que ce n'est que par pure chance
Qu'il héritait dans la vie la grande aisance
Il se donnait avec orgueil tout le crédit
Et regardait l'autre avec mépris

FABLES Et Spéculations Philosophiques

Le hasard détermine la naissance
Car nul n'aurait choisi une extrance
Parmi les plus proscrits dans la sous-traitance
Dans les bas-fonds sans nulle aisance

Les fortunés ne sont pas à blamer
Sinon ceux qui se sont arrangés
Pour infliger à des classes démunies
La condition de leur infamie

Quand l'homme comprend bien son destin
Il lutte sans cesse sur son chemin
Sans peur il brave sa condition
Et ne se courbe devant nulle situation

IL N'Y A DE PLUS INTELLIGENT

Il n'y a de plus intelligent
Que l'ignorant qui pose des questions
Il n'y a de plus pertinent
Que le sceptique dans ses interrogations

Quand l'esprit spécule
Et des doutes sans cesse il articule
Il cherche l'ultime connaissance
Pour combler le fossé de son ignorance

Le commun accepte les explications
Qui trompent sa raison et son bon sens
Il ingurgite des mystifications
Qui satisfont le fond de sa conscience

Il n'y a de plus intelligent
Que le cerveau dans ses inquisitions
L'individu devient plus compétent
Quand il vérifie ses spéculations

À CHACUN SON FARDEAU

À chacun son fardeau
Car la vie n'est pas un simple cadeau
Quand le sort une saison fait fleurir ton jardin
Ne crois pas toujours garni de roses ton chemin

À chacun son fardeau
Tout le monde a un néfaste chapeau
Si aujourd'hui le soleil brille sur ton terrain
Les nuages peuvent l'obscurcir demain

Que celui qui jouit d'une richesse opportune
Souhaite pour l'autre une pareille fortune
Le mal qui à l'instant un prochain tenaille
Sera un jour la souffrance dans tes entrailles

Que celui que le bonheur enchante

Ne va pas en tous lieux et sa chance il chante

Quand le malheur frappe la maison du voisin

À ta porte tantôt il fera un tour certain

JARDIN D'AMOUR

Le mystère d'une vie en symbiose
Souvent pour le naïf est une apothéose
Les lichens sont des algues et des champignons
Qui vivent toujours comme bons compagnons
Exemplifions leur modèle dans nos relations
Ainsi seront plus heureuses nos nations

Cultivons dans notre jardin
Le bien l'amour et l'humanisme
Répandons sur notre chemin
La paix l'entraide et l'altruisme
Jamais de négativité et d'avidité
Soyons des pions pour servir l'humanité

FABLES Et Spéculations Philosophiques

Partageons avec nos frères
Les fruits du champ de nos pères
Que la piste qui conduit au bonheur
Soit le sentier de notre demeure
Ensemençons toujours nos terrains
De plantules pour nourrir les lendemains

Que notre jardin soit un verger d'amour
Une prairie ou fleurissent toujours
La bonne herbe et les bons grains
Les semoules pour faire du bon pain
Ainsi notre monde n'aura point de disette
De la nourriture nous n'aurons point de dette

NATURE MYSTÈRE

Il y a une science magique
Qui défie notre sens critique
L'univers module dans ce mystère
Qui l'esprit de l'ingénu oblitère

Dans les confins de notre monde
Ce qui nous transcende abonde
Le non-averti invente
Des formules dont le fond épouvante

Qui sait quoi de la nature
S'il n'a pas une conscience mature
Quand le novice s'aventure
Sur ses pages ne sont que ratures

Qui sait quoi de l'existence
Sinon ce qu'elle révèle à nos sens
Le profond secret de la vie
À l'humilité nous convie

Je voudrais émonder l'ivraie
Parmi les bons grains fournis d'engrais
La nature les laisse pulluler
Et partout les permette de s'accumuler

Que dois-je donc faire avec ma faucille
Quand partout le chiendent fourmille
Laissons l'univers faire son cours
À sa merci nous serons toujours

Dans la vie la profonde science
Défie sans cesse notre interférence
Si nous ne savons pas de l'énergie
Utiliser la suprême magie

Illuminons nos lanternes
Et marchons sur la gouverne
De la sublime excellence
Qu'elle soit notre simple référence

Les hommes sur la mauvaise voie
Se chamaillent et s'entretuent dans le convoi
Qui transporte la caravane de leur destin
Sans connaissance du tracé du chemin

Nature mystère

Curieux univers

Pour un iota de l'éternité

Mille entités vivent une futilité

FAUNE ET FLORE NATURELLES

La faune humaine
Horde cannibale aux pulsions vilaines
Pour l'aveugle amour du soi
Et la satisfaction des besoins du moi
Entretient des egos prédateurs
Et crée tout un monde de malheur

La flore naturelle
Accommode toutes les ribambelles
Le feu détruit un jour les végétations
Demain la pluie restaure la forestation
Dans une totale indifférence
Le cosmos commande cette science

FABLES Et Spéculations Philosophiques

Pour toujours faune et flore
Dans l'harmonie d'un curieux décor
Dessinent le panorama de l'univers
Dont seul l'illuminé comprend le mystère
L'esprit qui fait des spéculations
Se complait dans ses élucubrations

La faune humaine
Horde vilaine
La flore naturelle
Réalité exceptionnelle
Qui a le secret de cette réalité
Nombreux vivent sans nulle velléité

DANS LES YEUX DE L'AUTRE

Dans les yeux de l'autre je vois
Les images qui reflètent mon moi
Incapable d'occuper sa place
Je m'observe à partir de sa face

Dans les yeux de l'autre je vois
Ce qui fait mon émoi
Nous partageons les mêmes émotions
Nous subissons les mêmes commotions

Dans les yeux de l'autre je contemple
Les piliers de mon propre temple
L'autre en définitive c'est moi
Mon reflet propulsé dans un autre endroit

FABLES Et Spéculations Philosophiques

CEUX QUI GAGNENT LES PRIMES

Ceux qui gagnent les primes
Sont ceux dont le discours rime
Avec le refrain de l'idéologie
De la piteuse oligarchie

Les juges rendent leur verdict
Suivant ce que l'autorité les dicte
Le coupable peut devenir innocent
Et l'irréprochable le plus grand méchant

Ceux qui gagnent les primes
Sont ceux dont la symphonie anime
Les discours conventionnels
Des évangiles sempiternels

LE ZÈLE INCONSISTANT

Quand c'est la saison qui fait la moisson
Il y a une crise dans la population
Pendant la durée du contretemps
Pour bien nourrir le régiment

Quand c'est la fantaisie qui motive l'engagement
Dès qu'arrivent les cruciaux moments
Pour une constante persévérance
L'intéressé tirera sa révérence

Quand c'est l'opportunisme
Qui incite à des actes d'altruisme
L'attentiste montrera toujours sa vraie face
Si on suit constamment sa trace

FABLES Et Spéculations Philosophiques

Quand c'est la mode qui nous déguise
Sans qu'une grandeur d'âme ne nous aiguise
Nos parures ne feront pas long feu
Nos fondements resteront creux

Mais si l'énergie vient d'une constante source
Intarissable elle demeurera dans sa course
Les champs produiront en toutes saisons
Une durable arborisation

Le zèle inconsistant
Nous laisse souvent peu confiant
Ses beaux discours jamais ne durent
Quand les grands défis perdurent

Un homme prêchait la correction
Et la résistance à la corruption
Aux membres de tout un régiment
Dont il voulait le développement

Quand il accède au commandement
Très vite on constatait un changement
On dit que l'homme qui est au pouvoir
Ne pratique jamais ce qu'il faisait valoir

Son zèle une fois si véhément
Se révélait tout à coup inconsistant
On mesure la portée d'une conviction
Quand le sujet fait face à la tentation

LE CHIEN ET SA QUEUE

Il ne faut jamais chasser l'impossible
Surtout quand il n'est pas accessible
Parfois aussi proche que semble un objectif
L'atteindre reste souvent un rêve fictif

Un chien voulait mordre sa queue
Pour un grand motif ou peut-être peu
On le voyait qui tournait en rond
Comme une marionnette sans musique de fond

Mais jamais il n'a pu atteindre sa queue
Cette folie ne fut qu'un voeu pieux
Il ne faut jamais chasser l'impossible
Surtout quand il n'est pas accessible

UN HOMME UNE JUSTICE

Traitons chaque homme
Comme un homme
Vulnérable et mortel
Ses grands pouvoirs sont de la bagatelle
Éteindre son souffle il n'est plus cruel
Ses abus ne peuvent être éternels

Il suffit d'un bras et d'une volonté
Pour pacifier les rues de la cité
Où la tyrannie d'un bandit
Croit à jamais terroriser la vie
Il suffit d'un brave homme
Pour affronter les méchants hommes

Mais le prêcheur qui son jeu joue
Nous enseigne de tendre l'autre joue

…40

FABLES Et Spéculations Philosophiques

Chaque fois que le criminel nous agresse
Et notre demeure il transgresse
Car c'est à nous d'être toujours sage
Et de n'exprimer aucune rage

Celui qui sème le deuil
Et qui toujours crève notre oeil
S'il est géant s'il est puissant
C'est parce lâches nous sommes pliants
Comme tous les hommes il est mortel
On n'a qu'à le traiter comme tel

LE MAGE ET LE GÉNIE MALIN

Le génie malin
Semble avoir un plus long destin
Le mage ne connait qu'un siècle unique
Sa gloire luit une période symbolique

Dans la grande histoire de l'humanité
Le sage délibère souvent dans l'obscurité
Mais l'espiègle dans ses fourberies
A une horde qui acclame ses escobarderies

La merdouille plait beaucoup à la foule
Qui dans le bordel toujours se défoule
Émanciper une bande sans lucidité
Est le plus grand défi d'un humaniste sensé

FABLES Et Spéculations Philosophiques

Le génie malin
Semble avoir un plus long destin
Notre peuple préfère sa nature salace
À la probité de l'esprit sagace

N'ATTENDS PAS DEMAIN

Quel est ce demain que tu attends
Si ce n'est aujourd'hui ne perds pas ton temps
Le jour présent est le demain d'hier
Nos projets faisons-les donc pendant son ère

N'attends pas demain
Car tes espoirs peuvent devenir vains
Ce futur n'est jamais garanti
Cet adage ne peut être démenti

Si dans ta pensée fleurit une brillante idée
Il faut la mettre à l'oeuvre dès la matinée
Bien souvent une bonne inspiration
Requiert une immédiate exécution

Aussi il ne faut pas attendre demain

Quand on doit partager son pain

Pour soulager le besoin chez un prochain

Aujourd'hui il peut en avoir grand besoin

VIVRE PLEINEMENT

Les printemps ne sont pas éternels
Et les jours cléments sont toujours temporels
La vie est à jamais pleine de déboires
Sont bien naïfs ceux qui ne veulent pas le croire

Je me donne comme devoir
De ne jamais me laisser échoir
Sur les rives de la lassitude
Vivre pleinement est mon attitude

Aussi précoce qu'est notre existence
Multiplions nos jours dans la réjouissance
Des plaisants moments de bonheur
Et des breuvages de bonne saveur

FABLES Et Spéculations Philosophiques

Il faut vivre pleinement
Aimer passionnément
Et ne pas laisser les affres de nos désagréments
Nous noyer dans des continuels tourments

Il faut vivre pleinement
Échanger harmonieusement
Et toujours sur la route de la vie
Nous trouver une raison d'être en vie

Les printemps ne sont pas éternels
Et les saisons de notre vie matérielle
Sont diverses et aussi variées
Vivons-les d'une manière motivée

BÂTISSEURS DE SUCCÈS

Ceux qui posent au départ les semences
Ne sont pas ceux qui font grandir les plants
L'architecte des chateaux d'excellence
N'est pas toujours l'exécuteur des plans

Il faut des semeurs et des vendangeurs
Et dans le cycle autant de grands travailleurs
Pour un champ productif et un jardin fertile
Autant de collaborateurs doivent être utiles

Pour une récolte abondante
Il faut une équipe importante
Il faut des têtes pensantes
Et des bras à l'ardeur fulgurante

FABLES Et Spéculations Philosophiques

Ceux qui posent au départ les semences
Une grande production leur travail commence
Mais pour réussir fructueusement la plantation
Il faut le concours de tout un bastion

Certains n'attendent que la moisson
Sans participer à sa préparation
Silencieux paresseux opportunistes
Ce sont souvent des je-m'enfoutistes

À la pâte il faut tous mettre la main
Pour l'espoir du bien-être de demain
Si on engage au départ toutes les ressources
Le succès est garanti dès la source

L'ACCOUTREMENT DE L'IMPOSTEUR

L'accoutrement déguise l'imposture
Quelle que soit sa couleur ou sa nature
Si le trompeur falsifie son image
C'est pour maquiller son vilain plumage

Si c'est l'habit qui fait le moine
Et identifie son patrimoine
Ce qu'il camoufle doit être curieux
Et chez beaucoup il est odieux

Sous le couvert des vêtements de saints
Est la vraie face de tant de coquins
Évangélistes et papes prêtres et pasteurs
Et toute cette horde d'embobelineurs

FABLES Et Spéculations Philosophiques

Sous la robe de ces âmes ingénues
Est bien affreux ce qui est à nu
Il y a une bonne raison de se travestir
Si des crédules on veut convertir

L'accoutrement est une tromperie
Un artifice une fourberie
Qui ont l'effet psychologique
De mystifier les abouliques

SERMENT DE CONVIVIALITÉ

Jamais je ne crèverai ton oeil
C'est mon serment de convivialité
Pour qu'entre toi et moi une belle amitié
Fleurit une cordialité vermeille

Entre les hommes un pareil pacte
Affaiblit l'évangile de l'autre joue
Sur le prochain n'éclaboussons nulle boue
Et notre sympathie restera intacte

Si tu aimes ton oeil ne crève pas le mien
C'est le seul garant de notre mutuel bien
C'est la tendance cruelle de ton clan méchant
Qui pour sa protection me veut indulgent

FABLES Et Spéculations Philosophiques

Point besoin d'astuces pour tes exactions
Tes morales trahissent toutes tes intentions
Si tu sèmes le vent par tes agressions
La tempête suivra toutes tes viles actions

Jamais je ne crèverai ton oeil
Jamais chez toi je ne sèmerai le deuil
Point besoin d'harangues contre la punition
Qui plante le bon grain récolte la bonne moisson

Honorons toujours ce fraternel pacte
Essayons d'être bons dans nos gestes et actes
Évitons sans cesse les méchantes querelles
Respectons enfin la quiétude individuelle

RIEN NE VAUT LA PRUDENCE

Rien ne vaut la prudence
Même quand on a un excès de confiance
Souvent elle demande aussi patience
Comme parente de toute prévoyance

Deux amis de retour d'une croisade religieuse
Se trouvaient en face d'une rivière furieuse
Me racontait un jour ma grand-mère
Pour ajouter aux instructions de ma mère

Le plus posé disait à son ami zélé
Sur le chemin qu'ils n'étaient pas si pressés
Et qu'il fallait attendre l'apaisement de la crue
Avant de traverser cette torrentielle avenue

FABLES Et Spéculations Philosophiques

Au diable la fureur de ce débordement
Lui répliqua son compagnon trop fervent
Une si noble mission accomplie
Notre marche ne peut être que bénie

J'attendrai disait l'autre raisonnable
Argumentant qu'il lui semblait plus convenable
Car les bordées sont souvent éphémères
C'est ainsi les caprices de notre nature mère

Son ami ne l'écoutait guère
Et décida de traverser la rivière
Aussitôt qu'il mit les pieds dans le courant
Il l'emporta à sa perte sur-le-champ

Rien ne vaut la prudence
Même sous le regard de la providence
Quel que soit le niveau de votre foi
Observez de la nature les lois

NATURE INDIFFÉRENTE

La nature est indifférente
Au sort de la vie des espèces vivantes
La chaîne biologique de l'alimentation
Nous illustre cette situation

Dans les toiles d'une araignée
Un jour entortillée
Une mouche fut par cette bête sucée
Elle meurt laissant sa carcasse desséchée

Mais l'araignée n'est pas la première
Ni des prédateurs elle n'est pas la dernière
Par une mante elle fut sitôt capturée
Comme la mouche sa vie fut fauchée

FABLES Et Spéculations Philosophiques

Assis non loin de cette scène bien observée
Un crapaud par sa langue élancée
Absorba la mante rassasiée
De son mets à peine digéré

Satisfait de son œuvre
En chemin le batracien croisa une couleuvre
Dont l'étreinte lui conduit à sa fin
Il connut un suffocant destin

La couleuvre a beau effrayer les hommes
Mais pour un héron elle est un ver tout comme
Dont l'aspect ne donne pas l'effroi
Il l'avala comme une simple proie

FABLES Et Spéculations Philosophiques

Les reptiles se régalent des oiseaux
Mais si un crocodile n'attrape pas des moineaux
Le héron a la taille qu'il faut
Dans une embuscade il le prend à défaut

Parmi les félins qui ont peur de l'eau
Le léopard n'aménage pas sa peau
Capturer un crocodile est une routine chasse
Dans son élément ce lézard il terrasse

Ce fauve n'est point le plus puissant né
Dans une lutte avec un lion il fut estropié
Il succomba après deux jours de trépas
Des blessures infectées subies dans le combat

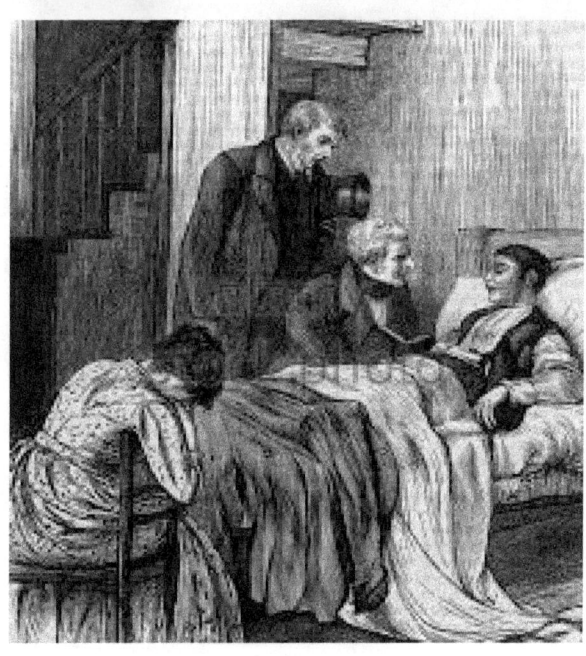

FABLES Et Spéculations Philosophiques

Plus tard le lion fut tué par un villageois
De ces tribus qui se font une joie
À exterminer les espèces à protéger
Mais vulnérables devant un microbe le danger

L'homme tomba malade l'autre saison
Victime d'un virus la contagion
Aucun de leurs remèdes ne pouvait le guérir
Impuissants ses parents le regardaient périr

Du sort des plus petits aux plus grands
Et des plus grands allant descendant
La nature reste indifférente
Son cycle suit une loi étonnante

L'araignée embobine la mouche
La mante religieuse a une différente touche
Elle se pose pieuse mais est autant vorace
Et de certains insectes elle dévore la race

Du crapaud au terrifiant lion
Quelle que soit l'espèce que nous voulions
Innocenter pour un régime végétarien
Elles font partie du système terrien

L'homme enfin étant le plus grand prédateur
Des autres animaux il fait toujours le malheur
Un virus est à même de détruire sa vie
Aussi grand qu'il soit sa faiblesse on ne nie

FABLES Et Spéculations Philosophiques

La morale de cette histoire ainsi nous confond
Et notre esprit elle fait tourner en rond
Détruire l'autre pour son appétit
Semble ne pas être par la nature honni

Mais qui justifie cette nature
Qui peut expliquer ce qui en elle semble rature
Humblement nul ne sait
Que dans la suffisance on ne se complait

LE MYSTÈRE DE L'INFINIMENT PETIT

Le mystère de l'infiniment petit
Est beaucoup plus profond
Que l'infiniment grand
Que dit la bacille au corps humain
Le virus que l'oeil ne peut voir
Fait peu de cas du pouvoir des rois

Le mystère de l'infiniment petit
Notre esprit toujours il confond
Bien souvent ce n'est pas le plus puissant
Qui commande une horde de nains
Il est difficile d'arriver à concevoir
Que des atomes définissent notre moi

Une moustique plus petite qu'une abeille
Peut sans peine nous gêner le sommeil
Cette dernière quand elle est en essaim
Peut nous réserver un trépas certain
Le plus petit est souvent le plus à craindre
De peines il peut nous donner à plaindre

SPÉCULONS NOS PHILOSOPHIES

Qui ne spécule
N'articule
Aucune autosuggestion
Venant de ses propres réflexions
Ses propres émotions
Et ses personnelles commotions

C'est sans doute le sage
Le plus grand des mages
Le sublime initié
Le choisi qui est surdoué
Ou le célèbre illuminé
Parmi les meilleurs nés

Dans la foule des communs mortels
Comme nous aux sagesses virtuelles

FABLES Et Spéculations Philosophiques

Que savons-nous qui soit sempiternelle
Comme vérité éternelle
Notre entendement a cette limitation
Depuis l'aurore de notre gestation

Ainsi spéculons nos pensées
Et les effluves de nos idées
Articulons sans craintes
De nos folies les plaintes
Nos voix et nos lignes
Sont plus libres sans les consignes

Élucubrons les morales
Et de nos pulsions sentimentales
Ce qui dans la nature donne les leçons
Et motive nos inspirations

Nos philosophies sont nos inspirations
Si nous pêchons c'est par faussses conclusions

Nos morales sont des pensées philosophiques
Nous jugeons comme objets et sujets pratiques
Spéculons
Articulons
Dans les élucubrations de nos interprétations
Parfois nous trouverons certaines révélations

LA RICHESSE NE PRÉVIENT PAS LA DISETTE

« Que celui qui jouit d'une richesse opportune
Souhaite pour l'autre une pareille fortune
Le mal qui à l'instant un prochain tenaille
Sera un jour la souffrance dans tes entrailles »

Un homme prospère vivant dans l'allégresse
Sur tous les toits vantait sa richesse
Regardant de haut le palefrenier
La pauvreté dans le monde il disait nier

Il vivait dans cette république
Où le business était prolifique
Une de ces anciennes métropoles
Qui des biens du monde avait le monopole

Mais sur les rives de son pays opulent
Arrivaient par saisons des ouragans violents
Comme pour rappeler l'itinéraire de la traite
Ces bourrasques ne prenaient nulle retraite

Chanceux il fut pendant une décennie
Et pensait sa fortune à tout jamais bénie
Ne protégeait ses biens et sans nulle assurance
Restait à la merci de la providence

Un terrible cyclone emporta ses possessions
Dans une période où il y avait récession
Il devenait pauvre du jour au lendemain
Et quémandait pour trouver du pain

Rien ne sert d'être riche
Le sort parfois drôlement nous triche
On peut dormir dans la béatitude
Et se réveiller demain dans la vicissitude

« Que celui qui jouit d'une richesse opportune
Souhaite pour l'autre une pareille fortune
Le mal qui à l'instant un prochain tenaille
Sera un jour la souffrance dans tes entrailles »

L'ÉLÉPHANT ET SA TROMPE

Quand un éléphant joue avec sa trompe
Cela trompe en grande pompe
L'animal balourd n'a pas un gros cerveau
Ce n'est que pour sa taille qu'il mène le troupeau

Étant puissant il a plein de partisans
Une horde futée devient ses courtisans
Comme dans les animaux malades de la peste
À ses rabâcheries on ajoute du zeste

Dans sa tribu de pachyderme
Un petit renard quand il s'enferme
C'est par la ruse de son caractère
Opportuniste il flatte son dit compère

FABLES Et Spéculations Philosophiques

Quand un éléphant joue avec sa trompe
Cela trompe même quand le lourdaud s'estompe
Que les animaux naïfs se détrompent
Le puissance et l'argent toujours corrompent

SI VIEILLESSE POUVAIT SI JEUNESSE SAVAIT

Il y a un âge
Où les bons ramages
Ne font plus d'images
Dans les vieilles pages

Déjà mis en cage
Et en décrochage
Elles n'ont l'apanage
D'aucun grand courage

Mais si vieillesse pouvait
Sa sagesse nous aiderait

Il y a une saison
Où les polissons
N'ont aucune raison
Dans leurs folles actions

FABLES Et Spéculations Philosophiques

Leur vive érection

Et résolution

Sans pondération

Manquent de componction

Mais si jeunesse savait

Sa ferveur nous servirait

Il nous faut un âge

Une propice saison

Où notre jardinage

Fera floraison

Il nous faut un âge

Où la belle raison

Jouit de l'apanage

D'une prompte éclosion

MÉFIEZ-VOUS

Méfiez-vous du chien qui mord
Sans jamais une fois aboyer
Méfiez-vous de l'eau qui dort
En elle vous pouvez vous noyer

Un homme jouait à l'innocent
Et ne pouvait voir une goutte de sang
Dans le fond il fut le plus grand méchant
Et commettait les crimes les plus virulents

Les discours qui semblent les plus beaux
Portent souvent des messages très faux
Avec le temps ils s'imposent comme vérités
Et embobinent toute l'humanité

FABLES Et Spéculations Philosophiques

Méfiez-vous du beau parleur
Il est souvent un maître-chanteur
Qui propagande bien haut et fort
Mais tout ce qui brille n'est pas de l'or

Méfiez-vous du chien qui mord
Sans jamais une fois aboyer
Méfiez-vous de l'eau qui dort
En elle vous pouvez vous noyer

QUE FAUT-IL POUR VIVRE

Que faut-il pour vivre
Et ne pas simplement survivre
Un peu d'amour un peu de passion
Un peu de respect et d'affection
Et moins de tyrans pour l'exploitation
De tous les biens de notre bastion

Que faut-il pour vivre
Et dans le bonheur être toujours ivre
Un peu de rêve un peu de fantasme
Cette courte vie brime l'enthousiasme
Souvent le poids de sa lourde charge
Est sur notre dos une grande surcharge

Il nous faut une symbiose
Administrée en simple dose

FABLES Et Spéculations Philosophiques

Un peu de paix et de convivialité
Un peu de sourire et d'amitié
De la courtoisie en quantité
Pour animer notre humanité

La jalousie et la possessivité
Le désir de contrôle et la connexité
La dépendance et la fausse allégeance
Que l'on croit nécessaire pour la jouissance
Sont souvent confondus à la bonne aisance

Il nous faut libérer notre conscience
Des blocages de sa connaissance
Moduler sur des longueurs d'onde
Qui changent les perspectives de notre monde
Vers une élévation de notre science

Ce qu'il faut pour vivre
N'est pas l'instruction d'un livre
Il n'est que de l'humanisme
De l'altruisme et peu d'égoïsme
Il est dans le creuset du soi
Du toi et surtout au fond du moi

IMAGES DE LA NATURE

Je chasse les images de la nature
Un ciel bleu une jolie verdure
Tout ce qui dans le temps perdure
Après que ses fruits deviennent mûrs

La faune et la flore
Et cette diathèse multicolore
Qui motivent notre inspiration
À la recherche de mille excitations

Je chasse les images de la nature
Ce qui revient de l'essence pure
De notre diorama existentiel
Dans son attrait sempiternel

POURQUOI

Pourquoi la voix de la raison
De l'intelligence et de la bonne vision
Doit donc se taire devant l'opprobre
L'arrogance des discours non sobres
Et la cupidité des âmes corrompues
Qui propagent des théories saugrenues

Pourquoi le bon sens des gens avertis
Doit se courber devant la morgue des convertis
À des causes qui enveniment l'humanité
Et qui ravalent les êtres dans l'indignité

Pourquoi l'intuition des hommes de vertu
Doit par des malfrats devenir corrompue
Et parmi le clan des scélérats invétérés
Recruter les leaders de notre société

Notre monde a besoin de nouvelles lumières
De l'humanisme et moins de prières
Pour que l'homme devienne épanoui
Et atteigne les sublimes hauteurs de la vie
Qui le conduisent à l'émancipation
De sa personne dans l'aliénation

L'HABIT FAIT LE MOINE

L'habit fait le moine
Et est le reflet de son patrimoine
Souvent les accoutrements
Déterminent les comportements
De beaucoup de régiments
Dans leur attitude de dérangement

L'uniforme du militaire
La soutane du vicaire
Les costumes des grands rois
Sont les symboles de leurs lois
Qu'ils imposent à leurs adeptes
En leur subjuguant par des préceptes

Le moine n'est rien sans son habit
Sinon sa personne n'a aucun acabit
Et n'inspire point l'autorité
Qu'il recherche sur sa communauté

Ainsi il devient un simple figurant
Dans la foule des humains marchant
L'habit fait donc le moine
Il est le reflet de son patrimoine

ESPOIRS DU LENDEMAIN

Qui sont ces faces
D'humeur sagace
Sont-ce les petites filles de nos villages
Studieuses et coquettes à tous les âges

Qui sont ces yeux
Clairs et joyeux
Sont-ce nos charmants garçons
Qui suivent sagement les bonnes leçons

Les gamins de notre bercail
Sans trop grand gouvernail
Portent sur leurs visages
Les espoirs de l'enfantillage

L'ingénuité de leur attitude
Devrait inspirer des adultes l'attitude
Sacrifions ce que nous avons comme ressources
Pour nourrir leur grand fleuve dès sa source

Ils sont les espoirs du lendemain
De notre vieillesse les véritables appuie-main
Notre société a besoin de leur génie
De notre grâce leur aurore doit être bénie

Quand le glas de notre périple aura sonné
Quand finira le sentier de notre randonnée
Qu'ils soient bien armés pour prendre la relève
Ainsi l'univers ne souffrira point de notre trêve

INÉVITABLE DESTIN

On aura beau prier
On aura beau implorer
La souffrance on ne peut éviter
La mort on ne peut épargner

L'inévitable destin
D'un homme comme fait certain
Est sa disparition
Des annales de la création

On aura beau prier
On aura beau supplier
Le dessein de la vie
Ne donnera pas de sursis

FABLES Et Spéculations Philosophiques

Victime de l'existence
L'homme n'a qu'une sentence
Vivre une courte carrière
Jonchée de barrières

Certains pour secours
Ont des vains recours
Des vœux de délices
Pour plaire leurs caprices

Ils se font des dieux
À qui ils sont pieux
Espérant confiant
Un sort différent

TALON D'ACHILLES

Ce qui rend l'humain
Un si gros vilain
Sont ses émotions
Ses belles déraisons

Toutes ses commotions
Et ses grandes passions
Le font si puérile
Qu'il devient débile

Ainsi toute sa vie
Jamais assouvi
Il est malheureux
Même quand il est pieux

FABLES Et Spéculations Philosophiques

Ce qui rend l'humain
Un être de dédain
C'est sa propension
Aux fausses prétentions

Il se croit un ange
Un si grand archange
Qu'il exhorte ses pairs
À copier son air

Mes ses voeux si pieux
La gloire de ses dieux
Ne le rendent heureux
Dans son monde odieux

LA GENT HUMAINE

La gent humaine
Sous le poids des peines
De mauvaise conscience
D'une imparfaite science
D'un manque d'intégrité
De l'ignorance et de la pauvreté
Vit dans la chétivité
Et une abjecte indignité

Sous le joug d'une oligarchie
Qui lui impose son anarchie
Son monde devient asservi
Son univers complètement converti
À n une dépendance psychologique
Des préceptes qui lui gardent aboulique
Et des plans machiavéliques
D'une répugnante politique

FABLES Et Spéculations Philosophiques

La gent humaine
Victime d'une naturelle déveine
Débile semble mériter ses déboires
Et la lie amère qu'elle doit boire
Victime de ses pairs et des dieux
Elle souffre à toute heure et en tous lieux
Seule l'élevation de sa conscience
Peut l'épargner de sa décadence

L'IVRAIE ET LE BON GRAIN

L'ivraie grandit toujours
Sur les sols qui lui sont propices
Après l'aggression d'une génération
Renait encore une autre sporulation

La moisson de nos plantations
Qui donnaient hier des fruits amers
Aujourd'hui leurs grains restent acides
Elle produit sans cesse de l'exaspération

Que faire des broussailles
Qui abondent dans nos jardins
Sur nos terres elles sont les plus fertiles
Et étouffent toutes les plantes utiles

FABLES Et Spéculations Philosophiques

Que faire de ces ronces
Qui jonchent tous nos sentiers
Sur la scène du théâtre politique
Les pagailles sont les plus prolifiques

Le bon grain très souvent
Est emporté par les vents
Qui parfois soufflent plus forts
Sur les champs plus valables

Entre l'ivraie et le bon grain
Ensemmençons celui qui donne
La bonne récolte pour une bonne collecte
Qui nourrit bien notre bastion

FABLES Et Spéculations Philosophiques

EN GUISE D'ÉPILOGUE

Si dans les sages lignes
Nous trouvions de bonnes consignes
Et si des principes dignes
Nous nous faisions de belles insignes
Notre monde serait meilleur
Nous connaîtrons le bonheur
Et nos jardins de tant de fleurs
Seraient ornés de belles couleurs

AU SUJET DE L'AUTEUR

Bito David est un activiste intellectuel, un philosophe social, qui utilise ses écrits pour faire passer un message plein d'humanisme, de patriotisme, de philosophie, de réalisme et d'amour. Ingénieur-Agronome, Gestionnaire, Éducateur, Écrivain-Poète, sa passion pour les lettres, la société humaine et la philosophie, est immesurable. En tant qu'auteur, il a déjà publié toute une collection d'ouvrages en Créole, Français, et Anglais.

www.ingramcontent.com/pod-product-compliance
Lightning Source LLC
Chambersburg PA
CBHW071724040426
42446CB00011B/2199